# CUANDO ACABÉ DE ROMPERME

# CUANDO ACABÉ DE ROMPERME

MANU CORES

Valparaíso
EDICIONES

VALPARAÍSO POESÍA

Diseño de portada, interior y maquetación: Chari Nogales
*www.charinogales.com @chari_nogales*

Imagen de portada: Manu Cores

Primera edición: septiembre de 2025

© De los poemas: Manu Cores

© Valparaíso Ediciones
C/ Fray Leopoldo, 7 bajo, 18014 Granada
*www.valparaisoediciones.es*

ISBN: 979-13-87538-85-9
Depósito Legal: GR 1161-2025

Impreso en España - *Printed in Spain*
Gráficas Gami

# CUANDO ACABÉ DE ROMPERME

# YO

Son fallas de un pasado
que afectaron a un presente,
atormentando lo sosegado
sin tener caos enfrente.

Culpa de la gestión de un niño
que es señalado como adulto,
pero sigue tirando guiños
y no deja de ser parte del bulto.

Encontrando alivio en pasillos,
enfadándose por cosquillas,
siguiendo el camino de un hilo
que solo desgasta sus zapatillas.

Aislado y alejado de toda la gente,
si en su pecho existe el dolor
evita hablar y lo reprime.

Preso de lo que escribe y siente,
si no lo escribe, no lo sintió
y si lo escribe es porque lo vive.

# LYCORIS RADIATA II

¿Que si te he podido olvidar?
Me preguntas con esa sonrisa,
la misma que se adueñó de mi malestar
y se robó mi vida entre cenizas.
Ahora soy yo, me gustaría contarte
que aunque estuve muerto por tu culpa
no pisé el infierno que me señalaste
a pesar de ser cómplice de tu ruta.

Tu sendero se vistió de caramelo,
siendo falsa la dulzura de tus mares,
de ahí que mi corazón no esté entero
y tenga aún las grietas de tus caries.
Hay rosas que cortan con espinas
y por eso mismo es tan extraño
que tú, sin tener ni una sola,
seas más recurrente en el daño.

Veo cada vez más blanco tu color,
seguro ahora señalas tu muerte
porque quien alguna vez murió,
suele resucitar mucho más fuerte.
Y aunque aparezca mi nombre,
ahórrate tus preguntas esta vez.
No me hiciste más hombre

solo mataste a un niño
que no sabía querer.

Sé que es contradictorio llevarte
tatuada en la piel y en la cabeza,
más cuando hay un desorden en mi mente
por culpa de tu destructiva naturaleza.

El mismo que contestaba tus preguntas
temblando en cada respuesta,
hoy es aquel que te señala y se cuestiona
si me sigues sintiendo cerca.

Maldita lycoris radiata,
te escribí con el corazón, desde luego,
pero hoy quien firma
es mi ego.

# TODO CAMBIÓ

Al despertar te recordé,
supe que ya no pasaba por tu mente.

Me pregunté qué almorzabas,
sin poder tragar ni saliva.

Por las tardes ocupé mi mente,
para evitar pensar si fui a la tuya.

Al viajar no te encontré,
me estaba mudando lejos de ti.

Y al dormir no fui yo
quien te daba las buenas noches.

Todo cambió,
excepto tus ojos.
Imbécil el de mi espejo,
que los sigue viendo hermosos.

# EL APRENDIZ

Quiero ser el aprendiz
del giro de tu noria,
enséñame en un cerrar y abrir
a darle vuelta a mi memoria.

Esta ya no deja de pensar en ti
sabiendo que no me trae ningún fruto
y que el tiempo que te hice feliz
se esfuma en cuestión de minutos.

Quiero ser el aprendiz
de los hombres sin sentimientos,
enséñame a correr el rímel
sin que mi lagrimal siga el ejemplo.

Cambiar esto me es imposible,
mientras mi calma esté en los versos
y en mi conciencia siga siendo crimen
el buscar tus labios en otros besos.

Sanaré todas mis tristezas
imitando tu sonrisa si te veo,
porque entre tantas malezas,
toca que me enseñes algo bueno.

# UN TINTE ROJO

Me enamoré del tinte de su pelo,
del misterio de no conocerla,
de la idea de recibir cariño de nuevo
y no tener que poner el placer en espera.

Cuando vi pasearse al calor por tu rostro
idealicé tus matices con los míos,
más cuando el hielo de tu torso
fue el calvario a tu alma y su clima tan frío

Siendo sustituta de otra mirada
me duele tener que verte con desprecio,
porque fuiste el valor de la nada
cuando vimos el peso de su silencio.

Podríamos serlo todo juntos
pero me conociste en pedazos,
siendo lo suspensivo de los puntos
que se descosen entre remplazos.

Me enamoré del dolor que conlleva
el estar enamorado de tu foto
sin tener espacio en la cartera
y teniendo el corazón roto.

# XXXL

Fui fiel a todas tus respuestas,
eso me hizo cómplice de tus batallas,
porque te quise con la ropa puesta
mientras tú desnudabas otras tallas.

Y así,
murió la complicidad
que había entre nuestros zapatos

y así, le quite sentido al tiempo
que dicen que perdí a tu lado.

# EL VALOR DEL SILENCIO

Al final, terminé conociendo
cómo eres en realidad.
Porque dice más
como te marchas
que como llegas.

Así que
valió más el silencio de tu adiós,
que el ruido de esa primera cita.

## SI FUÉRAMOS

Hoy me levanté cansado y le pedí un descanso a los versos (lo consultaron con las estrofas). Al final entendieron que pasé mala noche (soñé contigo) y me permitieron darme un descanso para escribirte en prosa (casi como si fuéramos amigos). Lo más raro de soñar contigo fue ver que no me odiabas (y eso que en mi sueño estábamos dentro de un paréntesis). De hecho, fuimos capaces de establecer una conversación que dibujó sonrisas en ambos (todo esto solamente en el sueño) y es por ello que hoy me levanté cansado, pero pensando en ti, pensando en "Y si fuéramos..." sin llegar a profundizar más, porque solo sé ser contigo, pero no sé quién debo ser (por ahora).

Sé que como dueto fallamos, pero si fallamos aún más por separado, entonces, ¿dónde está el problema en que nos vean juntos?, ¿dónde está el problema de fallar en conjunto?, ¿dónde está el problema de cicatrizar en tus puntos? Que alguien me explique por qué no podemos ser y tenemos que vivir de la imaginación que te regala un "Y si..." y de la frustración que te otorga un "fuéramos".

¿En serio me está diciendo que un verbo pretérito imperfecto es mucho mejor que nuestro presente? Lastimosamente sí (aunque nos cubran los paréntesis), somos lo que somos, porque tú y yo lo elegimos, y lo que hoy parece ser nuestro escudo, no será más que un montón de escombros. Y todo esto no fue más que un sueño (aunque fuese lúcido).

# A BOCALLAVE

No sabía que tenía
tantas lágrimas guardadas
hasta que apareciste tú…

con la llave de mis ojos.

A bocajarro
y a bocallave.

# GRATITUD Y CULPA

Aunque fuéramos bocas en tregua,
los besos ya no tendrían sentido
si en el cruce de dos lenguas
no se entrelazan los latidos.

Le exijo a mi memoria poca fortaleza
para que así pueda olvidar lo vivido,
pero si eres tú quien vive en mi cabeza
al menos deja de rentar mi pecho vacío.

Ahora vivo siendo esclavo de su nombre,
preso de la lucidez de sus cosquillas
que me permitían dejar de ser un hombre
y ser ese niño sin complejos en las pupilas.

Me da gusto ver que ahora eres feliz,
aunque mi corazón a veces se frustra
porque eres quien eres gracias a mí
y yo soy quien soy por tu culpa.

# ENTRE EL CORAZÓN Y LA MENTE

-¿Por qué lo sigues intentando?-
se preguntaba la parte racional.

"Si no lo intento…
 ¿Cómo sabré qué es lo mejor?"

*Un silencio prolongado invadió el ambiente*

"Corazón, eres como un poeta intentando escribir obras
de teatro."

-¿Impredecible?
Preguntó el corazón.

"No. Absurdo."

FIN.

# ESTO NO ES UN POEMA

ATENCIÓN: Esto no es un poema,
soy yo bajándome a tu nivel,
así que disculpa el desorden.

Tenía miles de razones para irme
y solo te pedí un motivo para quedarme,
dejando de lado el ser libre
con tal de pudrirme al abrazarte.

Hazlo, di ahora que no luché por ti,
ensúciame con el papel de villano
y esconde la mierda que tienes dentro
con kilos de maquillaje caro.

Miéntele a tu siguiente víctima
y sigue difamando esa versión de mí
que solo existe en tu cabeza
y en quienes escuchan tu palabrería.

Habla de mis complejos como lo que son
y olvida que algún día fuiste la razón
por la cual los dejé de lado,
al igual que a mis amigos.

Ahora que no estamos juntos

y te aterra la idea de asumir la culpa,
fuerza a tus pulmones a gritarlo
y a tu mente a creérselo.

# TU NATURALEZA

Ampliaré todos los atardeceres,
las losas de mi espalda lo suplican
ya que por culpa de los anocheceres
no hay fuego que a mi corazón derrita.

La vulnerabilidad de mis mares
inundaron cada uno de tus huesos,
y es por eso que el poder de los males
es tener que mirarte con los ojos secos.

Así que es tu culpa mi corazón sibarita,
solo rodeado de plantas y de redes,
que impiden que pasen Rosas, Margaritas
y cualquier tipo de mujeres.

Pensé que me guiarías cual viento,
irónico que sea aquel que es libre,
invisible a la vista de lo que siento
y aquel que se lleva las palabras con el tiempo.

Ya se está haciendo aún más de noche
y tu brillo siempre ha sido mi manía,
por eso me conformo con la mentira
de que aún existirán tus buenos días.

# PECADOS

Volví a pecar de insomnio,
de levantarme sin ánimo,
de saltarme el desayuno,
de comer mal a mediodía,
de tumbarme en la cama,
cerrar la puerta con seguro,
de poner la música muy alta.

Me di cuenta de que mis pecados
solo violan las normas de la sociedad
que me pide que sonría,
esconda mi negatividad
y dé gracias por un nuevo día,
cuando para mí es un día menos
y para ellos es un día más.

¿En serio tengo que hacerle caso
a esa misma sociedad
que tampoco sonríe porque dicen
que sonreír saca arrugas?

# LAGRIMALES ROTOS

Ya no dueles,
o al menos lo haces
mucho menos de lo que
lo hacía antes.

Es cierto que a veces
te paseas por mi mente,
pero como un recuerdo
que se termina desvaneciendo.

También es cierto que
para llegar a este punto
tuve que llorarte
docenas de veces.

La gran parte del tiempo
era en silencio.
No quería preocupar a mamá,
ni a la gente que me rodeaba.

Pero esta noche me di cuenta:
 ya no eres dueña de mi lagrimal,
aunque tu recuerdo sea déspota
del tiempo libre de mi cabeza.

Simplemente me carcome saber
que jamás volveré a amar
como algún día te amé,
por más que me amen
como tú nunca me amaste.

## LO QUE TE ESCRIBÍ CUANDO ESTÁBAMOS JUNTOS

Utilizaste solamente dos palabras
cargadas con más de mil sentimientos,
más de dos mil nervios y punzadas
y tomó más de tres mil intentos.

Cuatro mil posibles respuestas,
respaldadas por cinco mil lagunas
que navegaban por tu cabeza
creando seis mil mares de dudas.

Siete mil segundos para contestarte bien,
fui preso de los ocho mil latidos de mi corazón
y compartimos celda en el rojo de nuestra piel
porque los nervios nos comieron a los dos.

Te reafirmo con el tiempo como enemigo,
aunque te lo reafirme nueve mil veces.
Te pertenece cada uno de mis latidos
y tengo diez mil motivos para quererte.

Once mil razones para quererte siempre
y poder seguir acariciando tu piel,
te amaré también en diciembre
y habrá doce mil motivos el próximo mes.

# PERSONAS FUGACES

Aún no logro entender
por qué te quedaste tan poco tiempo,
pero lo efímero de tus pasos
fue maravilloso.

Fuiste como una estrella fugaz
vista desde mi balcón.
Llegaste para darme un poco de luz
y otro poco de esperanza y cariño.

Sé que con el tiempo entenderé mejor
el porqué de tu paso tan breve
y la razón por la cual nos cruzamos.
Solo espero también poder comprender
tu partida tan repentina e innegociable.

Sin lugar a dudas...
eres una persona fugaz,
y dándole todo el espacio
a las mismas dudas
aún no sé quién soy sin ti.

# A TU LADO

Parece que lo mío son los malos tragos
y lo tuyo las idas y venidas al azar,
utilizando corazones como dados
dejando heridas imposibles de cerrar.

Porque desde que estoy a tu lado
cada vez es más complicado seguir,
siendo tus pisadas mi calvario
estoy viviendo en un calvario sin fin.

Las letras de tu nombre me recuerdan
que me tengo que despedir en muy poco
y que aunque lo lleve otra persona
ninguna llevará tus ojos.

Son mis problemas con los que te estrellarás
y se terminarán tragando todo tu brillo
esposando tus muñecas a mi delicadeza.

La misma que llevas por collar,
porque sabes amar desde los tobillos
pero no pudiste amarme hasta la cabeza.

# POR DESCARTE Y DUDA

Algo no funciona y no es por descarte
que la noche esté fría y mi pellejo
esté repleto del escalofrío de tu imagen.

Y desde mi "fiel" reflejo y su semblante
busco amores platónicos en el espejo
donde algún día tú también te reflejaste.

De qué sirve contar estrellas con el dedo
si resalta más el brillo de palabras viejas,
que me atormentan siempre en sueños
por contarte a ti, en vez de contar ovejas.

De qué me sirve tener siete vidas
si ayer hipotequé mi alma al cielo
y el amor no da pensiones a suicidas
después de sus días de perro.

Y si algún día esto funciona, entenderé:
la buena intuición de mi cristal,
lo sobrevalorado que está soñar
y por qué los gatos siempre caen de pie.

## LA EXCUSA PREDILECTA
## (LABIOS A LA FRANCESA)

Culpando al canto de otras bocas
y haciendo de tu ausencia un baile
para aplaudir todas mis derrotas
sin cantarle a tus comisuras labiales.

Duele menos,
sabe peor.

Porque al igual que de pequeño,
intenté arreglar todo con queso y salsas
cuando los besos dejaron de tener sabor.

# SINFONÍA PARA DOLIDOS

(Te fuiste y te llevaste algo de mí)

Ven, pero esta vez no para quedarte,
solo devuélveme aquello que me hace
atípico ante la mayoría del mundo
e inestable a los ojos de la gente.

Quiero volver a sentir como sentía,
ser quien era antes de destruirme
y regalarle el ámbito de mi latir
a las noches cargadas de melancolía.

Aquellas que ayudaban en sus días,
ahora no hacen más que recordarme
que por perseguir quién debía ser
me olvidé de ser yo.

Una voz en mi cabeza me suplica
cambiar para ser quien querías
que algún día yo fuera.

Otra le quita la razón escrita,
para rebuscar entre lencerías
alguien que me quiera.

Maldita sinfonía,
que canta que por seguir tus pasos sin ver
hoy no soy más que heridas sin coser
desprendidas de las plantas de tus pies
y de aquella despedida.

# FUIMOS

¿Qué *sería* de nosotros?
Me pregunté sin poder terminar.

¿Qué *será* de nosotros?
Ahora que parpadee y no estás.

¿Qué *fue* de nosotros?
Me preguntó la nostalgia.

¿Qué *hubiera sido* de nosotros
si alguna vez dejara de lado el orgullo?

Y aunque al *nosotros*
lo acompañáramos del verbo ser
nunca supimos conjugarlo correctamente.

## LA GUITARRA DE LA POESÍA

Hoy no te pensé entre tantas vueltas,
volvió a sonar el acorde de esa guitarra,
bebí, fumé y sonreí sin necesitarte cerca
y no dolió la canción que te cantaba.

Y si tuviera un deseo el día de hoy,
ten claro que ya no serías tú,
mejor pido que se repita esa canción
para cantar a todo pulmón -tururú tururú-

—*tralalá tralalá*—
Ya no me dolió.

—*tralalá tralalá*—
Lo malo ya pasó.

Me quedé jugando a la consola,
ya no me costó estar en mi casa.
Pedí de cenar nuggets de McDonalds
y cambié mi sufrir por un dolor de panza.

Desperté y tenía a lado a mi gato
pidiéndome que le acariciara el lomo
y pude volver a dormirme otro rato
sin tener que soñar con tu abandono.

*—Tururú Tururú—*
Te fuiste de aquí.

*—Tururú Tururú—*
Ahora soy más feliz.

Desayuné mis cereales favoritos
sin tener que discutir por cosas tontas.
Decías que primero va la leche,
ya desde ahí debí saber que estabas loca.

Tenía diez mensajes sin contestar
y ninguno era el tuyo,
ellas me quieren más
y yo no las quiero por mi orgullo.

Al final no se está tan mal
como yo me lo pensaba,
y si algún día me ves pasar
te cantaré con la mirada.

*—Tereré Tereré—*
¿Cuántos años duraré?

*—Tereré Tereré—*
Soy más feliz que ayer.

:)

# ILESA

La última vez que escuché tus latidos
no fue dictándole a mi querer,
fue disparándole a un contigo
que clavó su bala en una última vez.

Y con dos palabras pasamos de
bailar baladas mirando al suelo
a acertar que no fuimos un acierto
y asentando al aceptar nuestro error.

Que las formas de las nubes no eran
ni tuyas ni mías,
ni mucho menos nuestras.

Al igual que todos esos granos de arena
consumidos por la orilla,
el mar arrasó con el castillo
pero no con la princesa.

# SIN ADIÓS

Te fuiste, dejando tu esencia
en mi respirar renegado
que no acepta que tu presencia
se convierta en sueños esfumados.

Qué clase la tuya para engancharme
y volverme adicto a tu compañía,
para de sorpresa desprenderme
de tus miedos,
tus tristezas
y tus alegrías.

Pero tú
que desprendes elegancia
hasta en el dolor,

te despediste acariciando
mis pobrezas
y mis manías.
Ignorando mis dedos.

…

¡Qué manera de modernizar
las despedidas!

# ELLA NO ES TÚ

Ella es superficial y se corrompe
ante el llamado de cualquier charla,
siendo sus palabras las más torpes
si no gira en torno a prendas caras.

Ella no hace que mis manos suden
ni llena de nerviosismo mi cuerpo
y la teoría del principito sube
conforme sigo sin ver lo que siento.

Ella está de acuerdo con lo que digo,
pero odio que no me contradiga
y que todo le entre por un oído
buscando siempre la salida.

Por eso te diré que lo nuestro
no es perfecto, es mucho más.
Sabiendo que el falso afecto
no me va a saber escuchar.

Sabiendo que la música no es razón
para decir que somos almas gemelas,
menos cuando tengo presente que soy yo
el odio que sale del vacío que no llenas.

# HABÍA UNA VEZ...

Había una vez una chica regida
por su manía de amar a toda costa
a hombres que le hacían perder la fe
en las almas gemelas y los duetos.

Era su complejo que por ende sería
la maldición de un corazón que nunca
supo lo que era ser amado correctamente.

Rasguños impregnados de su niñez
que la llevaron a recibir besos sin amor
teniendo un beso tierno en su inconsciente.

Ella quería un hombro en el cual llorar
y no un hombre por el cual llorar,
lo supe cuando su llanto le susurró
a este poema su complejo:

"Me mata no amar a quien muere por mí,
y morir por quien me mata lentamente."

Y ese acto tan contradictorio
la llevó a rechazar sus deseos
y desear desde la ausencia del amor.

Deseaba ser amada incondicionalmente,
sentir la reciprocidad en cada sonrisa,
en cada llanto,
          reconciliación,
               abrazo,
                   beso,
                       sexo…

y repetir.

# DICIEMBRE

Un diciembre cada vez más lejano,
con pie y medio en un triste otoño
que me recuerda que se acerca.

Fueron todos mis pasos en falso
cuando tu mano era mi protocolo
y fingí borrarte de mi agenda.

Y es ahora el aullido de los lobos
el segundo plano de la luna
desde que le canto que estoy solo
y que de noche, eres tú la penumbra.

Lloro todas las hojas que caen secas
y las uso para escribirte algún verso
que se seque dentro de mi libreta
después de congelarme en tus besos.

Tus mañanas se cuestionan tus sueños
sin dar luz a ninguna de tus pesadillas,
y el brillo del que yo era el único dueño
me recuerda que diciembre se aproxima.

# EL DESPERTADOR

Hace mucho que te quería escribir
a ti, que me jodes las mañanas,
aunque me regales cada día
y me hagas un supuesto favor.

Te odio.
Incluso dormido, te aviento al piso
y me enfado contigo por tus gritos.
Sí, soy un desagradecido
y un caprichoso cuando te pido
"solo cinco minutos".

Solo espero al domingo
para que desaparezcas,
mientras mi sueño sube.

Pero apareces
para recordarme
que ya es lunes.

# AL CRECER SIN TI

Que lo rasgado de mis suelas
no siga el camino de tu marcapasos
si son tus mejillas quienes corren la voz.

Porque aún espero que vuelvas
y seas tú quien entuma mis brazos
despertando, así, el latir de mi corazón.

Quiero volver a sentarme en la ventana,
esperar a que cruces y cuentes mis meses
porque llevo desde aquel fin de semana
abriendo puertas y en ninguna apareces.

Si por tus besos me cobrarán años
pagaría con mi eterna juventud.
Tan contradictorio como extraño
como la lejanía de tu prontitud.

Que me recuerda que estoy en la carrera,
que en mi graduación no estabas tú
y que aquello que te decía que me aterra
es a día de hoy, mi más grande inquietud.

# ETERNAMENTE

Reír,
llorar
y caerse por todo aquello
que en su momento parecía
una tontería muy lejana.

Un destino ya visitado,
sin peaje ni equipaje,
que no nos garantice
un viaje de vuelta.
Es eso,
de eso va
y de eso irá mañana,
por si tu llanto
se pensaba que
podía huir.

Somos la rutina
que en silencio
nos daña.

Somos los sueños
de las ilusiones
que matan.

Firmado: ~~para siempre~~

# CORAZONES ESTRECHOS

Soy yo, el camarero de ese bar
que sigue hurgando en la herida,
desquitándome con los demás
sirviéndoles tragos con saliva.

Sirviendo para poco y durando
más con el corazón en la boca
que colgando en tus manos.

Porque nos faltaron
poemas,
recuerdos,
penas
y cariño.

Pero, sobre todo,
decirnos: *cuidado*.

# TÚ Y YO

Aunque lo nuestro sea a parte
y nos aparte el mismo cielo
por celos de ver que no eres parte
del brillo de sus estrellas,
con el que me estrellas lejos
por tus complejos que destellan
cuando tu espejo no me deja amarte.

Y el sin rumbo de tus talones
sin saberlo se comía mi mundo
en cuestión de segundos y pisotones,
así que le echo la culpa
al cacique que reina en tu pecho
y ordena el acecho a la ruta
de mi caminar por la Tierra,
que me entierra por amar
al mal que me encierra
en trincheras sin disculpas.

Tú, mala en el amor
y yo, malo en disputas.

# TUS HORAS Y MIS DÍAS

Lo normal sería que te abrace
cuando tus tristezas se coman
a este mundo que nos hace
dejar de vivir en el ahora.

Cuando mis ansiedades abrasen
a mi sosiego post-paranoia
sabré que aún no era tan tarde
sin siquiera mirar la hora.

Y me darán de nuevo las tres,
pensándote en mi cuarto
sin mirar el desorden de ayer
cuando me dieron las cuatro.

Seremos, volaremos y caeremos
en las manecillas de mi bigote.

Veremos, soñaremos y contaremos
las cuchillas que llamas uñas

para que no huyas
de mis motes:

Cariño, amor, cielo, mi niña, mi vida
y mi poesía después de las doce.

# PROMETIMOS

Me prometiste que siempre estarías
en mis tropezones por la vida.

Te prometí que yo me quedaría
cuando lo sencillo fuera la salida.

Te prometí reencontrarnos en Madrid
si se cumplieran las promesas que hoy rompo.

Y ahora estoy saliendo de fiesta sin ti,
mientras tú te diviertes con otro.

A mi corazón enredaste en juramentos
en cuestión de sonrisas y de llantos.

Prometiste que sería un amor eterno
y que lo imposible no sería para tanto.

A tu sonrisa en cuestión de segundos
le prometí la gracia de mis chistes.

Te prometí el poema más bonito del mundo
y terminé haciéndote el libro más triste.

# VOLVER

Creí que ya no,
pero volví a caer en lo mismo.
Volví a bailar pensando en ti,
volví a decir lo que pienso
y a pensar antes de hablar.

Volví a sentirme estúpido
y a compararme con el resto,
a restarme entre el malestar
de tener que dejarte ir.

Perdí,
caí en el error en consecuencia,
probé solo las malas noticias
y desayuné viendo tus fotos.

¿Lo recuerdas?
Cosas que vienen y van
y yo nunca me renuevo,
sigo siendo igual que de pequeño
aunque ahora tenga preocupaciones.

Corrí entre tormentas,
y volví solo para profundizar
entre penas y parques perdidos
donde aprendíamos de los fallos
y los vicios parecían solo un juego.

# MI PEOR VERSIÓN

Si el llanto que te pude haber causado
le gana la pelea a tus pestañas,
me paro enfrente de lo dañado
para disculparme por mis patrañas,
mis cambios,
mis ojos cansados
y por hacerte parte de mis batallas.

Estoy aquí para ofrecerte un amor
que rompa el odio de los casados
y la frustración de los solteros
usando los abrazos como guadaña.

Hoy, viernes 13,
te está hablando mi mejor versión
y aunque sea extraño y contradictorio
te está prometiendo aquello
que no pude cumplir a las 11:11.

# ELLA NO QUIERE NADA SERIO

Ella no quiere nada serio,
solo quiere un par de besos
y llenar el vacío que le dejó
quien no la supo amar.

Ella no me quiere en serio,
y las veces que me presume
solo se lo está presumiendo a él.

Como si se tratase de demostrar
que es feliz y está enamorada,
obligada a sonreír en redes
y a llorar detrás de la pantalla.

La llamaría inmadura,
pero, ¿eso dónde me deja a mí?,
que amo su cobardía
y le permito jugar con mi corazón.

Ella no quiere nada serio.
Lo sé porque me mira con deseo
pero no con amor.

# FUE UN PLACER

Ha sido un placer conocerte
y tras conocerme en las despedidas,
lo fue también desconocerte
en los puntos de tu cortesía.

La eternidad que me acusa
por querer que fueras mía
sin saber amar a forma futura.

Tu amabilidad con excusas,
mis indirectas y su puntería
que descosen puntos de sutura.

Sé que nos faltaba y sobraba tiempo,
solo a ti te faltaron ganas y cordura
por no aclarar tus sentimientos
y volverme loco con tu locura.

Aún así, fue un placer mirarte desde lejos,
y ver que estás tan contenta y guapa.
Y por si algún día dejas atrás tus complejos,
hazme creer que no todo son etapas.

Y nos reencontraremos,
yo bañado de excesos,
tú cubierta en plata.

(En caso de que no, fue un placer soltar tu mano y ver
que pudiste sola)

# PARA ESTAR EN LAS NUBES

Los quiero invitar
al planeta del mal,
a aquel que es literal,
sin literas de frases
solo como base
la primera fase de la soledad:

Donde los coches en línea recta
son la musa de toda poetisa,
le temen a curvas y predilectan
cartas directas y concisas.

Allí donde predomina la oficina,
el mundo está hecho de átomos
y no de historias y de vidas
que decidieron ignorar los diálogos.

Donde para decir un te amo
hay que decirlo directamente,
a parte tenemos que pensarlo
y premeditarlo constantemente.

No pregunten por Cervantes,
ahórrense sus inquietudes,
se fue junto con el arte
porque nadie está en las nubes.

# CARDIOPATÍA

Cardiopatía: de *cardio-* y *-patía*
1- *f. med*. De tanto hurgar la herida.

# APRENDÍ

De ti aprendí
que se suplica más con la mirada
aunque se ruegue con mil palabras.

De ti aprendí
que no puedo cambiar a las personas
y mucho menos las decisiones que toman.

De ti aprendí
que la soledad en realidad es amiga
y mucho mejor que las malas compañías.

De ti aprendí
porque fuiste un error en sí,
por más que fuera un acierto coincidir.

De ti aprendí
a contradecir todo lo que siento
y echarle la culpa siempre al viento.

De ti aprendí
a escribir poesía
y a verla en la vida.

# LA GENTE

Otro poema más que escribo
mientras estoy en el baño
y no se compara con las cagadas
que hace la gente a las espaldas.

Sé que alguno dirá que no es para tanto
pero, ¿cómo llamaré arte al arte
si se hace en casa y con formato?

¿Cómo creeré en la política?
Si allá fuera prohíbe jugar a la pelota
en el mismo parque que se drogan.

Dicen que el querer bien está mal visto
y me piden que ame sin usar el corazón,
pero no hay problema en quitarse kilos
alimentando la depresión.

La gente tiene la cabeza en su sitio
y si yo no la tengo, soy yo el del error.
Ya ni siquiera por cómo visto,
sino porque vista su hipocresía, el malo soy yo.

Pero aquel sitio es la sociedad
que se irrita e imita al opresor,

y no tiritan ante su maldad
pero limitan tu expresión.

# (TE)RMIN(AMO)S

Terminamos y no sabía
a que nos estuviéramos
alejando del amor
de nuestras vidas.

Quizás, aún estábamos cegados
y no queríamos contradecir al dicho:
"Ojos que no matan, corazón que no olvida"
(o algo así).

Se hizo el mismo silencio
que cuando nos conocimos
aquella noche en la terraza,
pero se sentía distinto.

Pese a eso, mis intentos
por hacerte sentir lo mismo
aún habiendo terminado,
me delataron de mil formas.

Sonreí
y ella, sorprendida, me miró:
-Wow, me querías mucho.

Suprimiendo

con sarcasmo, respondí:

-¿Te acabas de dar cuenta? Ja,ja,ja.

# ÚLTIMAS PALABRAS

Llegaste tan distinta en esta ocasión,
yo no sabía que era nuestra última cita
ni mucho menos que después de ese día
dejaría de tener valor lo nuestro.

Ambos llegamos con brillo en los ojos,
tú por las lágrimas,
yo por la ilusión;
y nos marchamos,
tú con los ojos secos,
yo culpando a la contaminación.

Tartamudeando, disparaste el gatillo
que ambos reservábamos después
de cada guerra.
Yo queriendo ser tregua,
tú queriendo salir ilesa.

Con firmeza tomaste una decisión
y me apuntaste con la mirada
como quien le pregunta al condenado
cuáles son sus últimas palabras.

Y aunque del amor no se muere,
sin él, tampoco se vive.
Así que, antes de morir,
le dije que la amaba.

# CALMA

Ante la ausencia de calma
por mi desesperación hacia el mundo
te pediré que ahorres tus palabras
y escuches mis segundos:

Dnskfkk


Ya lo saqué.
Gracias.

# ENTRE FLORES

Haciendo alusión a todos los destellos
que el cielo nunca quiso compartir,
repitiendo que no serían tan bellos
si estuvieran en frente de nuestra nariz.

Imagino que por eso los recuerdos
solo son valiosos por el aroma,
haciéndonos creer que todos los senderos
nos terminarán llevando a Roma.

Firmamos un préstamo al banco,
por lo tanto, no tiene valor la palabra,
mucho menos lo tienen las personas.

Pues si fuera así, no seríamos blanco
de las carencias de sus armas
y todas las balas serían de goma.

Morimos entre flores
y canciones de despedida,
sin poder susurrar sus acordes,
sin recibir rosas en toda una vida.

# TE ROMPÍ

Me sumergí en otra reflexión ingrata,
vendiendo mis pensamientos
de la forma más barata,
la de dar consejos
que luego se me escapan.

Me perdí de camino a casa,
dejé la dignidad entre rocas
y el honor sobre otra cama
en la que no pude dejar lo idiota.

Consuélate, fue pensando en ti.
Créeme, fue murmurando tu nombre.
Perdóname, no se va a repetir.
Veme, esto también me rompe.

# EFÍMERA

Me perdí mirándola fijamente a los ojos,
aquellos que parecían una ventana libre
de cortinas,
de fatigas
y de crimen.
Qué irónico que me robara el corazón
mientras me murmuraba sus delitos.

La vi, dándole órdenes al sol:
él nos regaló el infinito.
Su serenidad le quitó la razón
a mi voz y a mis gritos.

Así como al sol, me exigió ver al cielo.
Ella no sabía que yo ya lo estaba viendo
en el reflejo de su iris.

Escapé de la rutina
gracias a su retina
y me pregunté:

¿Qué sería de nosotros
si pudiéramos pausar los atardeceres?

# HOGAR, DULCE HOGAR

Tu poca gratitud adorna el espejo
en el que me veo antes de salir,
así que no culpes a mis complejos
de que prefiera quedarme a dormir.

Para regalarle un espacio a tu risa
le tejí miles de sueños a mi dormitorio,
pero mis chistes sobre amores suicidas
no hacen gracia en este manicomio.

Mucho menos lo harán en otoño
que las hojas tienden a caerse
y es cuando mi insomnio
no me permite verme.

Sales y si regresas, es a las tres,
cada uno en sus asuntos,
ya no dormimos juntos,
te crees que esto es un hotel.

De qué sirve poner imanes en la nevera
si los usas para colgar mis fracasos
y de qué sirve el barandal de la escalera
si nunca subes por mis brazos.

Qué tonto pedirte más
cuando no haces más si pasas.

Qué tonto llamarle hogar
a quien convirtió mi hogar en casa.

# BAILÉ CON LA LUNA

Te miro desde mi terraza y no estás,
son solo estrellas que te representan
y me muestran lo que fue el caos
de marchar sin cerrar la puerta.

La luna se emborrachó conmigo,
ella tampoco encontró respuestas,
solo me dio una noche de melancolía.

Luego nos hicimos buenos amigos,
escuchamos la misma triste orquesta
y despertamos entre botellas vacías.

Te perdí, entendí que, por lo visto,
visto de tristeza y tú de alegría,
que tu esencia es irte de imprevisto
y la mía, esperar toda una vida.

# GATO NEGRO

El caso es que se piensan
que debemos ser todos iguales,
como si las recompensas
dependieran de nuestros ideales,
y uno que es oveja negra
se niega al consuelo
de que los faroles se alegran
al ver pasar a un gato negro.
Porque sabe que no hay pacto
con los focos de sus alegrías
ya que todos visten de blanco
deseando tener siete vidas,
todos siguen siendo blanco
de las balas de la envidia,
pero casi nadie es franco
para aceptar bailar un tango
con las facetas de sus mentiras.

# ANDRÓMEDA

Caprichosa, querías volar tan lejos
que me olvidaste junto con tu equipaje,
tu teléfono, tu maquillaje y tus complejos,
lo que siempre cargabas a todas partes.

Valiente, siempre fuiste tan discreta,
capaz de sonreírle a la gente
teniendo que estar sujeta
al ruido de tu mente.

Silenciosa, aunque siempre lo fuiste,
pero en especial aquella noche
cuando no te veías tan triste
como en el resto de tus trotes.

No fuiste cobarde, fuimos pendejos,
tú querías romper el espejo
y no aprender a sonreírle a tu reflejo.

Tú querías que te escucharan
y no que te llenaran de consejos.

# QUERER ES COLOR LILA

Se acabaron las discusiones;
matemáticas es amarillo,
literatura es azul,
ciencias es verde.

Y todo lo que lastima,
así como querer,
es color lila.

# ETIQUETAS CADUCADAS

Te dio vértigo amar tanto,
a mí dejarte de amar,
así que evitemos etiquetas
para describir lo nuestro.
Pero si me lo permites,
te diré que fueron intentos,
maletas, medias vueltas,
frenos, causas y consecuencias,
celos e inventos entre ceja y ceja.

Dejé de buscarle remedios.
Ya basta de rascarle el hongo
a la fruta echada a perder
para seguir acumulándola.
Eso no es querer, es avaricia,
es gula de besos y caricias
por temor a la hambruna.
Tú también deberías parar,
o acaso no notas cuánto daño
le haces a tu ser y al mío
cuando tu boca se refugia
en los labios de extraños
y se esconde de mi cardio.
Teóricamente

estamos desnutridos
y prácticamente,
estamos más que saciados.

(Menos mal dejamos de lado
las etiquetas)

# EL AMOR DE MI VIDA

El amor de mi vida solo pagó
viaje de vuelta y no de ida,
me sumergió entre mentiras
y me hizo creer que yo era el suyo.

El amor de mi vida me mintió,
dijo que nunca me lastimaría
y que siempre estaría para mi
cuando lo fácil fuera irse.

El amor de mi vida fue corto
y por alguna razón eso hace
que me duela mucho más
de lo que me debería doler.

El amor de mi vida tiene nombre
pero sus hijos no llevarán mi apellido
y tendrán el de otro hombre
cuando yo quede en el olvido.

El amor de mi vida se marchó
y no sé qué debo de hacer
si sigo teniendo vida,
pero no amor.

# A LO MEJOR

A lo mejor hoy me da por recordar,
envuelvo tu recuerdo en mis gotas
y castigo a mi oído con tu gusto musical
para que el karma me regrese la pelota.

A lo mejor nos faltó ser más sinceros,
olvidamos que la mentira se agota
cuando aún ganando el trofeo
no nos sacia solo una copa.

A lo mejor cuando el corazón nos grite
debemos callar a nuestro cerebro
para que no tirite ante el tinte
que pinta a los recuerdos
de colores pasteles
que imitan al cielo.

Quieren parecerse
para parecer más bellos.

A lo mejor si te digo sigue
deberías de cortar el paso,
pues aunque he sido libre
no fue en los mismos zapatos;
tú que vives y sonríes

sin temor a los fracasos,
y yo, quien a lo libre lo define
como descalzarse de payaso.

# 14 DE FEBRERO

Quizás el amor no es la respuesta
y lo es otro tipo de placer;
amigos,
libros,
sentirse vivo y tener motivos
para querer,
bailar sin orquesta
y conectarse sin internet.

Plantas,
flores,
colores
y tantas cosas por hacer
que me sabe mal ser la resta
de todos los malos clichés
que colocan a modo de presta
lo que en realidad es vender.

No es 14 de febrero,
pero si mañana lo fuera
al menos sé que no gastaré.

# CASI NO DUELES

Nos quedamos en el casi.
Casi fuimos,
casi te enamoro,
casi sentiste lo mismo
y casi ya no dueles.

Aunque eso último sea mentira,
porque sin llegar a ser
casi parece que me dolerás
para toda la vida.

# VÁMONOS

Vamos a abrazarnos.
Yo te pido calor,
tú que te quite el frío.

Vamos a pensarlo.
Yo te traje la razón,
tú los motivos.

Seamos cómplices de nuestros impulsos
para bañar a ambos corazones
en lo minucioso de nuestros pulsos
y en el curso evitemos contradicciones.

¿Qué propones si te hablo de amor?
Sabes que se me dan mal las propuestas,
me aterra ser resta y también condición
pues los amores no tocan a mi puerta.

Vámonos
tú y yo.

# VOLVAMOS

Entre lazos y amores de verano
no sé qué puede pesarme más,
si partirme en pedazos por tus manos
o esconder mi vulnerabilidad.

Porque me ha costado tanto
aparentar ser de piedra,
negarme al dolor de tu tacto
y fingir no estar en la mierda.

Qué manía tiene Julio
para poner alguien en frente
y hacer creer que es para siempre
lo que en realidad no durará.

Me quedé sin motivos
y sin calor,
pero me duele
que tú salieras ilesa.

Volvamos
tú                              y yo.

# NOCHE EN BARCELONA

Estábamos escondidos en las sábanas,
yo recostado en la comodidad de tu piel,
aquella que volaba cual ráfaga
y le robaba estrellas al hotel.

Mi corazón se preguntaba qué sería de ti
cuando conocieras esa parte de mí
que se bañaba en altibajos.

Mi mente dudaba de mi latir,
de si estábamos en Madrid
o si era un invento de mis trazos.

Fueron tus pasos mi globo terráqueo,
así entendí que te miraba desde fuera
y que a donde fuera sería un foráneo
mientras siguieras siendo mi bandera.

No era Barcelona,
no sería Pekín
ni será Quito.

Fue ella sola
y yo solo la vi
como en mil escritos.

# ABSURDO

Elegiré ser feliz con poco,
apreciaré lo más sencillo,
perderé el miedo a parecer tonto
y sacaré las manos de mis bolsillos.

Elegiré la felicidad y estar bien
siempre que seas tú quien me haga feliz
porque me cansé de escoger la taza de café
y ver que no estás aquí.

# SE LO CONTÉ AL VIENTO

Qué extraño, aún no era otoño
pero se sentía como si lo fuera,
tanto así que el viento golpeaba
en las ventanas de tu adiós,
en las persianas de tu voz,
en la aduana de tu metanoia
en la Ilíada de tu Troya
y en mi cerrada paranoia
escondida en tu buzón.

Ese mismo viento me pidió
que fuera fiel conmigo mismo,
que le leyera las cartas que tú no
y que distrajera a mi mente, contándole
cuál fue la frase más atrevida que te dije.

Suspiré, con poca calma le conté
que siempre fui más de ocultarme,
de verte en mí, mas no en tus planes,
de vivir y amar con pocos materiales
dejando poco espacio para ser carnales.

—*Quiero quererte para toda la vida*,
esa fue mi frase más atrevida
y también la menos estable.

# NO SOY EL AMOR DE TU VIDA

No soy el amor de tu vida,
solo te duele que me vaya
y darte cuenta de que nunca lo fui.
En realidad, me idealizaste.

Deja de abrir la herida
repitiendo esa frase,
no fui el amor de tu vida,
solo fui una fase.

Me haces sentir tan culpable,
puede que esa sea tu intención
y si eso es así, entonces
no se le puede llamar amor.

Por otra parte, llamemonos dolor,
tú del que parece irse y aparece,
yo del que nunca volvió
a pesar del ardor de los meses.

Grábalo en tu memoria:
no soy el amor de tu vida,
soy la repetición de un recuerdo
y el porqué de tu intranquilidad.

# DE TI ME GUSTA

De ti me gusta
justamente que no seas mía
y que seas del viento,
siendo libre de las mentiras
y presa de tus sentimientos.

De ti me gusta
que no sepas darla
pero que valgas la pena
y que sepas ser dama
sin el papel de damisela.

De ti me gusta
que cada vez que hablas
irradias confianza a luces
y que, siendo de pocas palabras,
siempre quiero que me escuches.

De ti me gusta
que no escondes tus cicatrices
porque definen la historia de tu vida
y sabes que por más que las tapices
tienen más peso que la herida.

# DE PELÍCULA

Hagamos de la vida una película,
me cansé de la trama y el final,
si siempre es de lunes a lunes
y de sábado a sábado.

Salgamos y pintemos las paredes
de color romance por la madrugada,
no importa que no abran los cines,
se sentirá mejor vivirlo.

Tirémonos al mar gallego
y salgamos a respirar en un abrazo
que nos dure para toda la vida
o hasta que el director lo dicte.

Aún así, no forcemos el encaje
ni busquemos lo que no tenemos,
pues, seamos o no ficticios,
no seremos eternos.

Así que hoy es buen momento
para enamorarse en París,
romper en la cafetería
de la primera cita
y reconciliarse
en la misma.

# FALTOS DE AMOR

Sentada en la ventana,
ella espera a su hombre,
le dan las tres de la mañana
y ya es costumbre.

Ambos han cambiado tanto…
Ella se volvió más insegura
porque él cada vez perdía encanto
y ella ganaba una nueva fisura.

Qué vulnerable se veía,
hasta su espejo lo notaba
y cuantos más se lo decían
ella menos se alejaba.

Qué fácil se le hacía
compensar con efímeras carcajadas
el eterno daño con el que la envolvía
y la mantenía atada.

No era un romance,
era la presencia
de todo el alcance
que tienen las carencias.

# AQUÍ TE ESPERO

Cántame tus problemas al dormir,
al soñar trágate tus penas.

Estoy llamando a la línea
que separa a tu felicidad
de tu tristeza desmedida.

Le conté que te quita el sueño
y que no hace más que perjudicar,
pero ante tu falta de sosiego
tú dijiste que solo era predicar.

Yo solo me preguntaba:
*¿Qué ansiedad predica*
*sin que sea en vano?*

Fui insuficiente
y hoy me toca verte marchar
junto al año,
junto al viento,
junto a tu malestar
pero no junto a mí.

## SACIEDAD ROMÁNTICA

Yo quería vivir bonito,
querer bonito,
reír bonito
y repetir
hasta que la palabra bonito
me dejase de sonar a palabra.


Pero no se puede,
sin ti.

# LA LANA

Hoy todas mis letras se piensan
que como autor no tengo poder,
quieren tirar de mi oreja,
hipnotizarme con palabras viejas
y ver arder el atardecer
de mi piel y de mi cabeza.

Cuando venga la venganza
de aquella oveja,
que se hacía daño
siendo un extraño
por cómo se ve
y escapó del rebaño
cruzando la reja.

-No sabe lo que deja,
esperen que va a volver.

Y ahora
encontró una pareja,
amor entre ceja y ceja,
ya no está en bandeja
su brazo a torcer.

La mierda no le refleja,
es el cristal de tanto gritar

a aquella bebida añeja
que parece romper.

Se para el reloj,
todo es mejor,
llegó a fin de mes.
Ya no le dan collejas,
a ver si tú te alejas
y aprendes de la moraleja:

la lana paga las quejas
pero no el estar bien.

# CES'T LA VIE

Siento que hace mucho no vale la pena
todo lo que escribo, pero aquí sigo,
quizás sea por condena,
quizás sea por castigo.
¿A dónde va el amor que no se da
si no se entrega y se predice
que para poder amarnos y amar
necesitamos oro en dijes?

La encontré escrita y abandonada
junto con otras dos frases de mi libreta
y me di cuenta que me enfoqué en lo malo
dejando mi libertad obsoleta.
Pero no puedo arrancar el papel,
le quitaría sentido a mi historia
y hoy soy quien soy gracias a mis letras.
Ni tan solitario como aquel
que tiene mil amigos
pero solo por la jeta.

Dice menos el hablar y es por eso
que solo debemos callar a besos
si estamos con la persona correcta.
Si lo estás, lo sabrás, te lo dirá el universo.
Y es que a veces me da tanto por pensar

que me olvido de pensar y ahí acierto
porque es cuando dejo de estigmatizar
en mi cabeza ajenos pensamientos.

Quizás cambié, no me alcanzó,
pero sigo escuchando tu voz
así como sigo escuchando jazz
y también a Blon.
Es mejor cuando escribo así
teniéndome de referente a mí
y dejándole el papel de ídolo
a quienes me hicieron escribir.

Es lo mismo con los amores,
hay que saber dejarlos ir
y no encerrarnos en cajones
para evitarnos el sufrir.
Es temprano por suerte, por cierto
daré mi cien por ciento por lo que siento
y no por sentimientos que no debería de sentir.

Y me ahorraré buscarle conexos
a lo que escribo con nuestra historia
por más traicionero que sea el verso
y por más perversa que sea mi memoria.

Me hace recordar, me quiero morir,
me hace lamentar todo lo que viví

y me arrollan mil trenes
sin saber si tú vienes aquí.

Sí, aquí, en uno de ellos,
de esos que pasan por el andén
pero no saben poner pausas.

Solo saben jugar con mi cuello
y no miento, yo ya me cansé,
díganme quién coño es mi musa.

De veinte palabras que me digo
máximo una es verdad,
sirve para romantizar
la soledad del vacío.
Pero no me sirve para soltar,
puede ser mi mente que se rehúsa
o quizás necesite a la soledad
y sea ella quien conmigo sufra.

¿A dónde vamos?,
me preguntó aquella chica
mientras tomaba mi mano
y me hacía la vida más bonita.

Maldita, me dejaste la obligación,
tengo que explicarte que ahora,
como te pertenece mi corazón

tendrás que caminar tú sola
mientras mi vida se marchita.

Arrepentido por consecuencia,
es la esencia de estar conmigo.
Corté el hilo de mis elocuencias
porque extraño lo que escribo
pero también al del ombligo.

¿Cómo arrancar el problema de matriz
si solo siento la música y ni la escribo?
Porque no me pude encontrar en mí,
pero si en un millón de testigos.

Ahora solo reflejo mis carencias
y mis caricias no me representan,
estuve con diez bocas en la puerta
que nunca te quise cerrar.

Alguien me dijo que vida = ruleta.
Pero caí en el juego del azar,
dados dorados me engañaron
y ya no tengo nada que apostar.

Mi ficha roja está incompleta
y te uso de maqueta para matizar
los temas incompletos
de un corazón deshecho
que nunca volvió a ser igual.

# ÍNDICE